El paseo por la Historia del Arte español

Kazumi Nukui

Editorial ASAHI

PAÍSES HISPANOHABLANTES

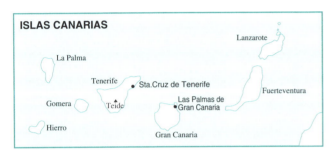

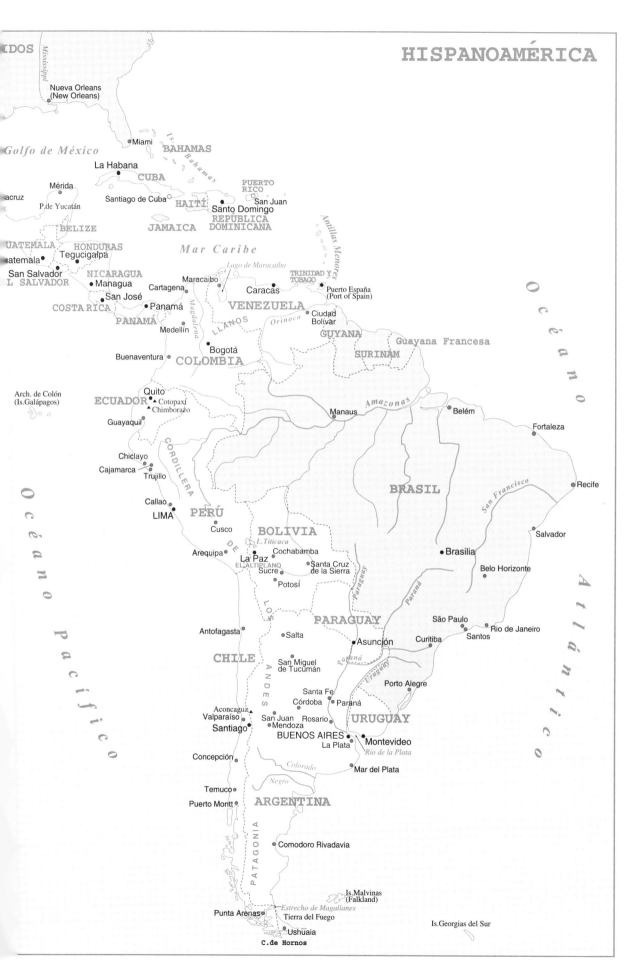

音声ダウンロード

 音声再生アプリ「リスニング・トレーナー」（無料）

朝日出版社開発のアプリ、「リスニング・トレーナー（リストレ）」を使えば、教科書の音声をスマホ、タブレットに簡単にダウンロードできます。どうぞご活用ください。

まずは「リストレ」アプリをダウンロード

》App Store はこちら　　》Google Play はこちら

アプリ【リスニング・トレーナー】の使い方
① アプリを開き、「**コンテンツを追加**」をタップ
② QRコードをカメラで読み込む

③ QRコードが読み取れない場合は、画面上部に 55165 を入力し
　「Done」をタップします。

QRコードは(株)デンソーウェーブの登録商標です

Web ストリーミング音声

https://text.asahipress.com/free/spanish/historiadelarte/

はじめに

　私は授業で、スペイン語自体に関する説明の他に、文化や自らの留学体験、スペイン人や外国人の友人たちの話をします。それは言語を習得するということはその言語の背景にある歴史や社会、文化を学ぶことだと考えるからです。スペイン語を習得するためには文法という大きな壁が立ちはだかります。動詞の活用、接続法など日本語とは全く異なる言語であるスペイン語を学ぶことには大きな困難が伴います。スペイン語を学ぶ人の多くがスペイン語を話し、書き、聞いて理解することの楽しさを知らないままで、やっぱり難しい！と断念してしまうケースは少なくないと思います。でも、動詞の活用を始めとする文法の壁を破った時、世界が限りなく広がっていくことに気づくのです。ある時、気づかないうちにスペイン語の文章を理解できている自分に出会います。言語＝文法ではありません。スペイン語はツールです。それを使ってスペインやスペイン語圏の多様な側面をみたいと思いませんか。例えば、スペイン旅行から帰ってもっとスペイン語が話せたらよかったのにと思う人、ちょっと頑張って見ませんか。ある程度の基礎文法を学んだ人、それを実際に使ってスペイン語圏の歴史や文化に触れて見ませんか。

　このテキストは基礎文法を学んだ人が、実際に読んでスペイン美術の歴史の一端に触れてもらうためのものです。ルネサンスに代表されるイタリア美術や印象派で人気のあるフランス近代美術と比べてスペイン美術は、日本での知名度は低いように思えますが、ヨーロッパの歴史におけるスペイン美術はとても重要です。スペインを旅してみて下さい。いたるところでスペイン美術に触れることになります。美術作品は歴史・文化の重要な証人なのです。スペインの歴史、文化を知るためにまずは美術の簡単な流れを知ってみたくはありませんか。好奇心のアンテナを広げて、まずは知ること、知らなければ好きも嫌いもわかりません。スペイン語を学ぶその先にはスペインという国の諸相が無限に広がっています。語学の習得は大変です、苦しいです。でも苦しいだけではありません。それを乗り越えた先には、大きな楽しみが次々と広がって行くのです。

　スペイン語でスペイン美術史を学ぶ楽しさを体験して見てください。スペインの豊かな美術の歴史を少し、知ってみてください。

2018 年夏　マドリードにて
著者

目　次

はじめに

1課 マドリードの美術館　Los museos en Madrid ＿＿＿＿＿＿＿＿＿＿ 2
　　　1 動詞 ser, estar, hay　2 直説法現在
　　　コラム　スペイン美術は遅咲き？！

2課 イスラム教の美術 〜 コルドバ，グラナダ
　　　El arte musulmán 〜Córdoba, Granada ＿＿＿＿＿＿＿＿＿＿＿ 6
　　　1 再帰動詞　2 目的格代名詞
　　　コラム　モスクを再利用したキリスト教建築？！

3課 モサラベ美術　Arte Mozárabe ＿＿＿＿＿＿＿＿＿＿＿＿＿＿ 10
　　　1 過去分詞　2 受身表現　3 最上級
　　　コラム　イスラム教とキリスト教 〜 二つの文化の共生

4課 ロマネスク美術　Arte Románico ＿＿＿＿＿＿＿＿＿＿＿＿＿ 14
　　　1 直説法完了過去（点過去）
　　　コラム　地域性豊かなロマネスク美術

5課 ゴシックの時代　Arte Gótico ＿＿＿＿＿＿＿＿＿＿＿＿＿＿ 18
　　　1 不完了過去（線過去）の活用形　2 不完了過去（線過去）の用法
　　　3 完了過去（点過去）と 不完了過去（線過去）の使い分け
　　　コラム　スペインのゴシックの時代は長い？！

6課 ルネサンス美術　Arte Renacentista ＿＿＿＿＿＿＿＿＿＿＿ 22
　　　1 現在完了形
　　　コラム　エル・エスコリアルと日本の少年たち

7課 エル・グレコ　El Greco ＿＿＿＿＿＿＿＿＿＿＿＿＿＿＿＿ 26
　　　1 接続詞 que　2 関係代名詞 que　3 関係代名詞 quien　4 関係副詞 donde
　　　コラム　スペインの古都トレド

8課　バロック美術 I.　17 世紀の絵画
Arte Barroco I. La pintura del siglo XVII ⋯⋯⋯⋯⋯⋯⋯⋯⋯⋯⋯⋯⋯⋯⋯⋯⋯⋯⋯ 30
　1　所有形容詞
　コラム　黄金世紀・芸術文化のサポーター

9課　バロック美術 II.　ベラスケス　Arte Barroco II. Velázquez ⋯⋯⋯⋯⋯⋯ 34
　1　現在分詞　2　進行形 estar ＋ 現在分詞　3　現在分詞を用いた分詞構文
　コラム　現実の世界を見続けたベラスケス

10課　近代絵画の幕開けフランシスコ・ゴヤ　Arte del siglo XIX y Goya ⋯⋯⋯⋯ 38
　1　無人称表現　2　hacer
　コラム　近代絵画の扉を開けた画家

11課　モデルニスモ建築　La Arquitectura Modernista ⋯⋯⋯⋯⋯⋯⋯⋯⋯⋯ 42
　1　比較級　2　比較の表現　3　不規則な比較級
　コラム　スペイン 19 世紀末芸術の拠点バルセロナ

12課　スペインの前衛芸術家たち　Los artistas de la vanguardia española ⋯⋯ 46
　1　最上級　2　絶対最上級　3　不定語と否定語
　コラム　3 人の巨匠たち

¡ Repasamos más gramática ! ⋯⋯⋯⋯⋯⋯⋯⋯⋯⋯⋯⋯⋯⋯⋯⋯⋯⋯⋯⋯⋯⋯⋯ 50
　1　スペイン語の語順　2　叙法　3　直説法過去完了　4　直説法過去未来
　5　直説法過去未来完了　6　直説法未来　7　命令文　8　接続法　9　条件文

作品一覧 ⋯⋯⋯⋯⋯⋯⋯⋯⋯⋯⋯⋯⋯⋯⋯⋯⋯⋯⋯⋯⋯⋯⋯⋯⋯⋯⋯⋯⋯⋯⋯⋯⋯ 56

※文中作品名の後に（　　）で収蔵場所を記した。収蔵場所の記載がないものはすべて国立プラト美術
　館収蔵。

マドリードの美術館
Los museos en Madrid

En Madrid hay muchos museos importantes. El Museo Nacional del Prado se inauguró en 1819 y fue el Museo Real al principio. La palabra "prado" significa campo donde crecen los pastos. Cuando se inauguró, estaba en las afueras de la villa de Madrid.

Juan de Villanueva, uno de los arquitectos más representativos del neoclasicismo[1] español, construyó este edificio como museo de ciencias naturales. Después este edificio fue destruido durante la guerra de la Independencia y posteriormente se reconstruyó y se inauguró como museo de bellas artes. Este museo es una pinacoteca, es decir, expone pinturas principalmente, y dicen que tiene más de siete mil pinturas en su colección.

Este museo contiene principalmente las obras de los pintores españoles del Siglo de Oro[2] como El Greco, Velázquez, Zurbarán, Murillo y Goya. Este último pintor fue el pionero de la pintura moderna europea. Las obras de la colección real fueron adquiridas a través de compras y donaciones. Ninguna de las obras ha sido conseguida mediante saqueo.

Hay otro museo, el Museo Nacional Centro de Arte Reina Sofía, a quince minutos andando desde el Prado. Aquí encontramos obras importantes del siglo XX de arte contemporáneo[3], por ejemplo, *Guernica* de Picasso, y obras de Dalí y de Miró.

Además de estos museos hay otros igualmente interesantes en Madrid donde podemos aprender historia del arte español visitando estos museos. ¿No quieres visitar más sitios para conocer mejor la historia del arte español? Ahora vamos a hacer un viaje por la historia del arte español. ¡Vamos!

プラド美術館正面ファサードとベラスケス像／Shutterstock.com

スペイン美術史コラム

スペイン美術は遅咲き？！

　イベリア半島では、8世紀初頭にイスラム教徒の侵略が始まり、レコンキスタ（国土回復運動）が15世紀末まで続いた。

　モサラベ、ムデハルと呼ばれるイスラムとキリスト教の文化が混在した時代を経て、社会が安定し、スペイン人の芸術家が本格的に活躍するのは17世紀になってからである。それまでは、イタリアやフランドル、またはスペイン人であっても、外国に学んだ画家たちが中心だった。王家のパンテオン（墓廟）であるエル・エスコリアル修道院兼宮殿の造営で活躍したのは、フランドルやイタリアの芸術家だった。

　16世紀末から17世紀初頭、トレドで活躍したエル・グレコは、ギリシアのクレタ島に生まれ、ヴェネツィアを経てローマで活躍しスペインに渡ったが、その目的はスペイン国王の宮廷で仕えることだったと考えられる。17世紀になると、文学や演劇などスペインの芸術は黄金世紀、"El Siglo de Oro"と呼ばれる文化が花開いた時代を迎える。1700年、スペイン王位継承戦争によってハプスブルク家に代わってブルボン家の統治が始まる。マドリードを現在の形に整備したカルロスⅢ世、Ⅳ世の治世に宮廷画家として活躍したのが近代絵画の先駆者フランシスコ・デ・ゴヤである。

---

1 neoclasicismo：新古典主義。18世紀半頃から19世紀初頭にかけて展開した美術様式。古典古代の様式を理想とした。
2 el Siglo de Oro：黄金世紀と訳される、16世紀半ばから17世紀の芸術文化が花開いた時期を指す名称。
3 arte contemporáneo：現代美術（20世紀美術）

¡ Repasamos gramática !

1 動詞 ser, estar, hay　　チェック　ser と estar と hay の違いをしっかりと理解する

1 ser

1. A＝B（名詞・形容詞をともなって）

   Yo soy María.　　　Yo = María

   Ella es azafata. 職業・身分を表す。

2. 出身・材料・所属（前置詞 de をともなって）

   Somos de Madrid.

   Este vaso es de cristal.

   Sois de este colegio.

3. 性質・特徴

   Esa chica es muy simpática.

   Los japoneses son muy trabajadores.

4. 時刻・行事の実施（〜が行われる）

   Son las doce y media ahora.

   La clase de español es mañana.

2 estar動詞

1. 特定の人・ものの所在

   El museo del Prado está en Madrid.

2. 状態（形容詞・副詞句をともなって）

   Mis padres están preocupados.

3 hay（＝動詞 haber の特殊な三人称単数形）

不特定の人・ものの存在

Hay un libro en la mesa.

2 直説法現在　　チェック　直説法現在の活用　▶ 復習しましょう

1 規則活用　　ar, er, ir 型

2 不規則活用

1. 一人称のみ不規則

2. 語幹母音変化

   e → ie　querer　　　o → ue　poder

   e → i　pedir　　　u → ue　jugar

   i → ie　adquirir

3. 一人称が不規則で語幹母音変化

   tener, venir, decir

4. その他不規則活用 ir, oir, 語尾が -uir で終わる動詞

   construir

3 用法

(1) 今現在行われていること、状態

Estudiamos español hoy.

(2) 現在の習慣

Salgo de casa a las siete y media.

(3) 一般的なこと

Barcelona está en Cataluña.

(4) 未来のこと（未来の時を表す語句をともなう）

Mañana vamos a la casa de mis abuelos.

練習問題

1 次の文章の（　　　）に適切な ser, estar, hay の現在活用を入れて訳しなさい。

(1) En España (　　　　) muchos museos muy interesantes.
El Museo del Prado (　　　　) pinacoteca.
El Centro de Arte Reina Sofía (　　　　) cerca de la estación de Atocha.

(2) Este bolso (　　　　) de papel japonés, (　　　　) de color marron.
Pero no (　　　　) de color naranja.

2 次の文章の主語と動詞を明らかにして訳しなさい。

(1) La palabra "prado" significa campo donde crecen los pastos.

主語 ....　　　動詞 ....

訳 ....

(2) Juan de Villanueva, uno de los arquitectos más representativos del neoclasicismo español, construyó este edificio como museo de ciencias naturales.

主語 ....　　　動詞 ....

訳 ....

3 プラド美術館とレイナ・ソフィア芸術センターの HP を見て、①それぞれの情報をまとめてみましょう。②１日で訪問する場合の計画を立ててみましょう。どのような順番でまわりますか。昼食はどこの美術館で取りますか。

	Museo del Prado	Centro de Arte Reina Sofía	Museo Thyssen Bornemisza
horario			
entrada general			
dirección			

イスラム教の美術 〜 コルドバ，グラナダ
El arte musulmán 〜 Córdoba, Granada

1   El arte musulmán en España se desarrolla durante más de setecientos años entre 711, fecha de la llegada de los árabes a la Península, y 1492, año de la reconquista de Granada por los Reyes Católicos.

5   Se pueden establecer cuatro períodos a lo largo del desarrollo del arte musulmán en España : el califato[1], los reinos de taifas[2], las dinastías africanas[3] y la dinastía nazarí. Aquí vemos dos ejemplos interesantes del arte musulmán.

La Mezquita de Córdoba

Córdoba es la ciudad más importante del califato. *La Mezquita de Córdoba* es el edificio más importante de la arquitectura califal[4]. Empezó a cons-
10   truirse en 788, época de Abderramán I y se fue reformando y ampliando hasta 987. Dentro de la mezquita encontramos unas 850 columnas, como si fuera un bosque. Estas sostienen arcos de herradura[5], un elemento característico del arte islámico. El espacio al final de la sala de oración, orientado hacia La Meca, se llama el mihrab[6]. En el centro de la Mezquita
15   encontramos la Catedral de Córdoba. Aquí observamos el contraste entre el islamismo y el cristianismo.

La Alhambra

Otro ejemplo del arte musulmán está en Granada, es *la Alhambra*. Es de la dinastía nazarí[7] de Granada, en el último período del dominio musulmán en
20   España. Se reflejan la cultura y el arte del mundo nazarí; se construyó sobre la colina de la Sabika. La Alhambra no es sólo un palacio sino también una fortaleza[8]. Por eso tiene dos núcleos diferenciados: la Alcazaba es la parte más antigua en la que hay numerosas torres de defensa, y el Palacio de Comares[9] y el Patio de los Leones[10] donde está el ámbito palaciego. El
25   Palacio de Comares tiene un estanque rodeado de arrayanes por lo que se llama el Patio de los Arrayanes[11]. El Patio de los Leones se llama así porque en el centro se halla una fuente sostenida por las figuras de estos animales. Algunas estancias como la Sala de los Abencerrajes[12] tienen bóvedas de mocárabes[13] impresionantes.

---

1 califato：イスラム教国でマホメットの後継者とされる教主兼王をカリフ（califa）と呼び、カリフが支配する国、時代を califato と呼ぶ。 **2** taifas：reino de taifas コルドバのカリフ王国解体後の小国家 **3** dinastías africanas：ベルベル人（北西アフリカに住む民族）の王朝 **4** califal：calif の形容詞形。カリフの

アルハンブラ宮殿ライオンの中庭　写真提供　Jesús Fernández

スペイン美術史コラム

モスクを再利用したキリスト教建築？！

　スペインには、イスラム教文化圏では今日見ることのできない、イスラム教とキリスト教が並存する遺構が存在する。イベリア半島において最初にイスラム教徒の手に渡ったコルドバには、壮大なメスキータ（モスク）が建てられたが、コルドバがキリスト教徒に奪回されると、その中央部にキリスト教聖堂が建てられた。この際に馬蹄形アーチとそれを支える63本もの柱が破壊されたと言われている。コルドバに残るカリフ時代の遺構で重要なのはメディナ・アサーラである。コルドバ郊外にあるこの宮殿は、宮殿と同じ名前を持つ美しき王妃のために、アブド・アル・ラマンⅢ世によって建設された。当時の複雑で華麗な宮殿装飾の面影を今も伝えている。

　イスラム最後の牙城であったアルハンブラ宮殿は、現存するのは、13世紀に建造された部分が中心である。その敷地内にはメスキータと同様、すでにあったイスラム建築の一部を壊してルネサンス建築が建てられた。カールⅤ世（カルロスⅠ世）の宮殿と呼ばれ、現在美術館となっている古典主義様式の建物である。コルドバのメスキータとグラナダのアルハンブラ宮殿、共にイスラム教とキリスト教という異なる宗教の交錯するスペインの複雑な歴史の残像である。

---

5 arco de herradura：馬蹄形アーチ。180度よりも下方へ閉じた形のアーチ。イスラム教建築の特徴とされる。　**6** mihrab：ミフラーブ。イスラム教寺院で礼拝のために設けられたメッカの方角を示す壁面の窪み。　**7** dinastía nazarí：ナスル王朝。グラナダの王朝はナスル朝。　**8** fortaleza：要塞、砦。　**9** Palacio de Comares：コマーレス宮殿。　**10** Patio de los Leones：ライオンの中庭　**11** Patio de los Arrayanes：アラヤーネスの中庭。　**12** Sala de los Abencerrajes：アベンセラーヘスの間。　**13** bóvedas de mocárabes：鍾乳石飾りの丸みをおびた天井。アルハンブラ宮殿に代表されるイスラム建築特有の装飾のある天井。

¡ Repasamos gramática !

◆① 再帰動詞

1 再帰代名詞 se（自分自身を、自分自身に）が付いた形で使われる動詞
> **チェック** 辞書を引く時に注意！　例）levantar 起こす　levantar<u>se</u> 起きる

   1「起きる」タイプ（直接再帰）
    Me levanto temprano.

   2「身につける」タイプ（間接再帰）
    Ella se pone el sombrero.

   3「おいとまする」タイプ（強調再帰）
    Me voy.

   4「お互いに」タイプ（相互再帰）
    No nos vemos pasado mañana.

> **チェック** 主語は常に複数

2 その他の用法
- 受身表現（No）＋ se ＋ 動詞（三人称単数・複数）＋ 主語
  主語は常に三人称で不特定の人
  Se hablan gallego y español en Galicia.
- 無人称表現（No）＋ se ＋ 動詞（三人称単数）
  一般的なことや習慣を表現するときに使う。
  Se come muy bien en España.

◆② 目的格代名詞   **チェック** 本文にはありませんが再帰代名詞と混同しやすいので確認しておきましょう。

1 直接目的格「を格」me, te, lo */la, nos, os, los* / las
> **チェック** 「彼を」「彼らを」には〔lo/le〕,〔los/les〕の２種類があり、どちらを使っても構わない。
> Esperamos a Javier. → Lo/ Le esperamos.

2 間接目的格「に格」me, te, le, nos, os, les

   1 文中に「を格」と「に格」の両方を使う場合
    Ella　　　　　　te　　　　lo　　　regala.
    （主語）＋（no）＋「に格」＋「を格」＋ 動詞

   2「を格」と「に格」両方が三人称の場合
    「に格」le/les は se に変わる
    Miguel le compra un libro a su hijo. → Miguel (le →) se lo compra.
    再帰代名詞と一緒に使われる場合　| 再帰代名詞 ＋ 目的格人称代名詞 ＋ 動詞 |
    Me pongo el sombrero. → Me lo pongo.

   3「を格」「に格」は不定詞（動詞の原形）の後ろに付けて１語にして使える。
    Quiero aprender **español**. → Quiero aprender**lo**.
    María puede enseñarles **su casa a sus amigos**. → María puede enseñár**sela**.

8

練習問題

1. （　　　）に再帰動詞の適切な活用形を入れて訳しなさい。

(1) Yo (levantarse :　　　　　　) a las siete y (acostarse :　　　　　　) a las doce normalmente.

(2) Los japoneses (quitarse :　　　　　　) los zapatos para entrar en la casa.

(3) Ayer mi hija (dormirse :　　　　　　) después de jugar en el parque.

(4) Ellos (conocerse :　　　　　　) en una fiesta de sus amigos hace dos años.

2. 次の質問に目的格代名詞を使って答えなさい。

(1) ¿Tú me dejas 300 euros?

No, ...

(2) ¿Usted nos enseña su número de teléfono?

Sí, ...

(3) ¿Vosotros queréis llevarles al concierto?

Sí, ...

3. スペイン語に訳しなさい。

(1) アルハンブラ宮殿は、サビカの丘に建てられた。

(2) コマーレス宮殿の中庭は、アラヤネスの中庭と呼ばれている。

(3) メスキータの中央には、大聖堂がある。

9

モサラベ美術
Arte Mozárabe

El arte mozárabe es el arte desarrollado por los cristianos sometidos a los musulmanes alrededor del siglo X. Es el conjunto de experiencias de culturas muy diferentes: la tradición romana, la paleocristiana[1], la bizantina, la visigoda, la asturiana y la musulmana especialmente. El elemento más característico de la arquitectura mozárabe es el arco de herradura[2] de tipo califal, como los arcos de la Mezquita de Córdoba.

El monasterio de San Miguel de Escalada
Sabemos que hubo una fuerte inmigración de mozárabes hacia el norte y encontramos un cambio arquitectónico en los territorios de León y de Castilla.
El monasterio de San Miguel de Escalada (León) es una arquitectura muy representativa del arte mozárabe. Su pórtico[3] maravilloso se compone de doce arcos de herradura.

Los Beatos
El arte más destacado del siglo X español es el de la miniatura. Los manuscritos[4] conocidos con el nombre de *Los Beatos* son la obra cumbre del arte mozárabe. El original es un comentario al Apocalipsis[5]. Fue escrito por Beato de Liébana, un monje de finales del siglo VIII. Aquí podemos contemplar miniaturas representativas del estilo mozárabe. Sus imágenes son planas y de colores vivos, con rostros grandes y ojos almendrados y expresivos. Reconocemos la influencia musulmana en los elementos ornamentales y figuras, pero también se relaciona con la tradición hispana anterior y el mundo norteafricano. Además, podemos observar la influencia de los carolingios[6] y de los irlandeses.
Los manuscritos y las miniaturas de Los Beatos tienen la gran originalidad del arte mozárabe.

サン・ミゲール・デ・エスカラーダ修道院柱廊　写真提供　Jesús Fernández

スペイン美術史コラム

イスラム教とキリスト教 〜 二つの文化の共生

　スペインの中世美術には、イスラムのイベリア半島侵略にはじまり、共生共存の時代、レコンキスタという長い期間にわたってイスラム教とキリスト教の文化が混在している。「モサラベ」と「ムデハル」という名称は、その複雑さを物語っている。「モサラベ」とはアル・アンダルス（イスラム・スペイン）においてキリスト教徒でありながら言語・文化的にはアラブ化したスペイン人を指し、彼らによって展開した芸術をモサラベ様式と呼ぶ。モサラベ様式は、ロマネスク美術へ大きな影響を与えたと考えられている。また、キリスト教徒に再征服された土地で信仰や慣習を維持し、残留を許されたイスラム教徒をムデハルと呼び、ムデハル建築とはイスラム建築の装飾様式や技術を用いたキリスト教建築を指す。独特な組積のレンガ構造、馬蹄形アーチ、石膏の壁面装飾が特徴で、セビーリャのアルカサルはその代表的なものである。モサラベもムデハルも、イスラムの芸術・文化を中世のスペイン、さらには他のキリスト教諸国へと広めるために大きく貢献したと言えよう。

---

1 paleocristiano：初期キリスト教の。　**2** arco de herradura：馬蹄形アーチ。
3 pórtico：柱廊玄関。　**4** manuscrito：手稿。　**5** Apocalipsis：『ヨハネの黙示録』。　**6** carolingio：カロリング朝の。

Repasamos gramática

◆1 過去分詞

1 規則型　　-ar 動詞 → -ado　　　　hablar → hablado
　　　　　　　-er 動詞、-ir 動詞 → -ido　　comer → comido　　　vivir → vivido

2 不規則型　abrir → abierto　　　cubrir → cubierto　　decir → dicho
　　　　　　　escribir → escrito　　hacer → hecho　　　　poner → puesto
　　　　　　　romper → roto　　　　ver → visto　　　　　volver → vuelto
　　　　　　　morir → muerto

3 結果の表現　　「〜した結果、〜の状態になっている」　　　estar + 過去分詞
　　　ある行為が起こった結果としての状態を表す。

El casco antiguo estaba rodeado de la muralla.
　　　チェック　受身表現と混同しやすいので注意！

4 形容詞として使われる過去分詞
　　　過去分詞が形容詞として用いられる場合は、名詞の性・数に一致する。

Esa tienda está abierta.　Los restaurantes están abiertos.

◆2 受身表現　　ser + 過去分詞 + por + 行為者
　　　＊se を使った受身表現は第2課（8ページ）参照

Este manuscrito fue escrito por Beato de Liébana.

過去分詞は主語の性・数に一致する。
話し言葉では使われることが少なく、書き言葉で使われることが多い。

◆3 最上級

1 形容詞の場合　　　主語 + 動詞 + 定冠詞 + （名詞）+ más + 形容詞 + de ...
　　　　　　　　　　　　　　（ el, la, los, las ）
Granada es la ciudad más maravillosa de España.

2 副詞の場合　　　主語 + 動詞 + 定冠詞 + que 〜 más + 副詞 + de ...
　　　　　　　　　　　　　　（ el, la, los, las ）

Mi hermana es la que llega más tarde de su clase.

練習問題

1 次の文章を受身表現にしなさい。

(1) Beato de Liébana escribió un comentario al Apocalipsis.

(2) Yusuf empezó a construir el palacio de La Alhambra.

(3) Cervantes escribió "Don Quijote de la Mancha" en 1605.

2 ( ) に動詞の適切な過去分詞を入れて訳しなさい。

(1) Las ventanas de tu habitación están (abrir :).

(2) Granada fue (conquistar :) por los Reyes Católicos.

(3) El arte (destacar :) del siglo X es la miniatura.

3 次の文章をスペイン語に訳しなさい。

(1) 『ドン・キホーテ』は、世界で最も有名なスペインの小説である。

(2) 彼女は、クラスで最も勤勉な学生だ。

(3) 東京スカイツリーは、日本で最も高い塔だ。

4 次の単語・数字をスペイン語で書きなさい。

(1) 10 世紀

(2) 1492

(3) 711

(4) 1605

ロマネスク美術
Arte Románico

1   El arte románico se desarrolló durante los siglos XI y XII en el territorio cristiano. Es el primer gran estilo europeo, común a toda Europa Occidental. Surgió en Francia y se extendió rápidamente a los lugares europeos. Su expansión está ligada a las peregrinaciones como la del Camino de Santiago.

5   El románico español tuvo influencia de las corrientes artísticas españolas anteriores: la romana, la visigoda, la mozárabe y la asturiana. Las obras de arquitectura románica más destacadas son *la Catedral de Santiago de Compostela, la Iglesia de San Martín de Frómista* (Palencia) y *la Iglesia de San Clemente de Tahull* (Lérida). En el arte románico, el edificio religioso es lo principal, y la pintura, igual que la escultura, depende directamente de la estructura arquitectónica. Los frescos[1] decoran bóvedas, paredes y ábsides[2], en el interior de las iglesias. La pintura románica española tiene dos focos territoriales principales: el castellano-leonés y el catalán.

15   En León podemos encontrar una de las más importantes pinturas románicas en el *Panteón Real de San Isidoro*. Sus temas fueron tomados del Nuevo Testamento; por ejemplo, el "Anuncio a los pastores[3]" y la "Matanza de los inocentes[4]". Hay otra pintura muy original en el Panteón, que es el calendario de los doce meses relacionados con las labores agrícolas de cada mes.

En otro lugar, en Cataluña, encontramos algunas iglesias en el valle de Bohí (Lérida) con pinturas muy significativas. Por ejemplo, *la Iglesia de San Clemente de Tahull* tiene una pintura al fresco maravillosa en su ábside, el majestuoso *Pantocrátor*[5]. Actualmente está en el Museo de Arte de Cataluña (Barcelona).

レオン、サン・イシドーロ聖堂付属王家墓廟　©スペイン政府観光局

スペイン美術史コラム

地域性豊かなロマネスク美術

　西ヨーロッパでは11世紀から12世紀に修道会の急速な発展によって、それぞれの修道会の理念を反映して各地に多くの聖堂が建てられた。スペインのロマネスク美術は、11世紀後半に成立したとされる。サンティアゴ・デ・コンポステラの巡礼路に沿って数多くの聖堂が建てられ、その内部は彫刻や壁画で装飾された。レオンの王家墓廟の農作業の月暦図にはマタンサ matanza（畜殺）の場面が描かれていてその地域性が表現されている。またカタルーニャ地方では、イタリアとビザンティンの影響下でこの地方特有のロマネスク壁画が描かれた。力強く太い輪郭線、鮮やかな色彩の対比などが特徴である。カタルーニャの小さな村、タウーイのサン・クレメンテ聖堂の後陣に描かれた《全能のキリスト》は、大胆に並置された色彩、大きく目を見開いた堂々としたキリストの姿が印象的で、カタルーニャ・ロマネスク絵画の頂点とも言える作品である。カタルーニャの山々に点在していたロマネスク聖堂は荒れ果てて、その全盛期には内部を飾っていた壁画の多くは、現在バルセロナのカタルーニャ美術館へ復元された聖堂内部と共に移されている。

---

1 fresco：フレスコ画。　**2** ábside：後陣。　**3** el Anuncio a los pastores：「羊飼いへのお告げ」。荒野で寝ずの番をしている羊飼い達にキリスト誕生が伝えられる新約聖書の一場面。　**4** la Matanza de los inocentes：「嬰児虐殺」。キリスト誕生を恐れたローマのユダヤ総督ピラトの命令によってイエスと同じ時期に生まれた幼児が皆殺しにされる新約聖書の一場面。　**5** Pantocrátor：「全能のキリスト」

¡ Repasamos gramática !

◆ **直説法完了過去（点過去）**

用法： 過去の事柄を表現するには、 完了過去（点過去）、不完了過去（線過去）の 2 種類があります。ここでは完了過去（点過去）を復習しましょう。

完了過去　＝　過去に終わった行為、動作　「～した」

1　規則活用　　-ar　　：-é, -aste, -ó, -amos, -asteis, -aron

　　　　　　　　　-er, -ir：-í, -iste, -ió, -imos, -isteis, -ieron

1 人称単数形の綴りに注意が必要な動詞

1 語尾が -car で終わるもの　　　　buscar → busqué　　　sacar → saqué

2 語尾が -gar で終わるもの　　　　llegar → llegué　　　pagar → pagué

3 語尾が -zar で終わるもの　　　　empezar → empecé

2　不規則活用

1 **3 人称単数・複数活用の語尾が -yó / -yeron となるもの**

leer → leyó / leyeron　　　　　　creer → creyó / creyeron

2 **3 人称単数・複数活用の語幹の〔e〕が〔i〕になるもの**

pedir → pidió / pidieron　　　　sentir → sintió / sintieron

3 **3 人称単数・複数活用の語幹の〔o〕が〔u〕になるもの**

dormir → durmió / durmieron

4 **-ar 型不規則動詞**

dar　：di, diste, dio, dimos, disteis, dieron

estar：estuve, estuviste, estuvo, estuvimos, estuvisteis, estuvieron

5 **ser と ir**

完了過去の活用形は同じ　　　　チェック　文章の意味で区別します。

ser /ir → fui, fuiste, fue, fuimos, fuisteis, fueron

6 **語幹変化動詞**

a. 活用語尾　-e, -iste, -o, -imos, -isteis, -eron

decir → dije, dijiste, dijo, dijimos, dijisteis, dijeron

（例：conducir, traer, producir）

b. 活用語尾　-e, -iste, -o, -imos, -isteis, -ieron

poder → pude, pudiste, pudo, pudimos, pudisteis, pudieron

（例：poner, tener, saber, andar）

c. 活用語尾　-e, -iste, -o, -imos, -isteis, -ieron

hacer → hice, hiciste, hizo, hicimos, hicisteis, hicieron

（例：venir, querer）

練習問題

1 （　　　　　）に適切な完了過去の活用形を入れて訳しなさい。

(1) En Cataluña (construir :　　　　　　　　　　) muchas iglesias románicas.

(2) El arte románico español (desarrollar :　　　　　　　　　) en el Camino de Santiago.

(3) El año pasado ellos (poder :　　　　　　　　　) visitar León.

2 次の文章を訳しなさい。その際、主語、動詞、名詞、形容詞を明らかにしなさい。

(1) Sus temas fueron tomados del Nuevo Testamento.

(2) El arte románico español tuvo dos focos territoriales.

(3) La pintura románica española tiene dos focos territoriales principales; el castellano–leonés y el catalán.

3 次の動詞の完了過去形の活用表を完成させなさい。

	ser	decir	leer	dormir
yo				
tú				
él, ella, usted				
nosotros				
vosotros				
ellos, ellas, ustedes				

ゴシックの時代
Arte Gótico

El arte gótico es un fenómeno occidental, tiene elementos comunes con el arte románico y se produjo en torno a finales del siglo XII. Se concibe como un tipo de arte urbano que se desarrolló con la evolución de las ciudades europeas. En aquella época la arquitectura tenía un papel principal. Sus elementos más destacados son el arco apuntado[1], la bóveda de crucería ojival[2] y las vidrieras[3]. En el siglo XIII, en el que se construyen grandes catedrales, se llama "la época de las grandes catedrales".

Las catedrales más destacadas de la época son las de Toledo, Burgos y León, prototipos del estilo gótico. *La catedral de Burgos* comenzó a construirse hacia 1221 y fue consagrada en 1260. La de Toledo, inspirada en la de *Notre Dame de París*, se comenzó en torno a 1226. La de León tiene unas vidrieras impresionantes que inundan de luz su interior. Podemos entender que la luz es también un elemento importante del estilo gótico. En Cataluña el gótico llega en el siglo XIV. Sus grandes catedrales son la de Barcelona y la de Gerona.

La arquitectura ornamental del siglo XV siguió la línea de los siglos XIII y XIV y se construyeron numerosas catedrales, como las de Oviedo, Pamplona, Astorga y Sevilla. Se extiende hasta parte del siglo XVI. *La Catedral Nueva de Salamanca* empezó a construirse en 1513 y la de Segovia en 1525. Los edificios característicos de la época de los Reyes Católicos son *el monasterio de San Juan de los Reyes* (Toledo) y *la Capilla Real* (Granada) que fueron patrocinados por los propios reyes.

レオン大聖堂／Shutterstock.com

スペイン美術史コラム

スペインのゴシックの時代は長い？！

　ロマネスクの聖堂建築にロマネスクとは異なる特徴、尖頭アーチの交差穹窿（きゅうりゅう）が認められるようになるのは、サラマンカ旧大聖堂、サモーラ、オレンセの大聖堂などである。その後、「大聖堂の時代」と呼ばれる13世紀にゴシックは全盛期を迎え、外観に天に向かって聳え立つ尖塔を有する巨大な大聖堂がスペイン各地に建てられる。その内部を飾るステンドグラスはゴシック建築の特徴のひとつである。スペインのゴシックはレオンやブルゴスの大聖堂に見られるように古典的ゴシック、ジローナ大聖堂のようなカタルーニャ・ゴシック、トレドやセビーリャ大聖堂に代表される後期ゴシックというように時代、地域によって多様である。またイサベル様式と呼ばれる装飾性の強い後期ゴシック、末期ゴシック期のプラテレスコ様式はスペイン特有のゴシックの一様式と言える。スペインは、他のヨーロッパ諸国と比べるとゴシックの時代が長く続いた。これはレコンキスタ（国土回復運動）がその一因と考えられるが、このため、すでにルネサンスが始まっていたイタリアと比較して美術的に大きな遅れが生まれることになった。

---

1 arco apuntado：尖頭アーチ。　　**2** bóveda de crucería ojival：尖頭アーチ交差穹窿（きゅうりゅう）（丸みをおびた天井）。　　**3** vidriera：ステンドグラス。

¡ Repasamos gramática !

◆1 不完了過去（線過去）の活用形

1 規則活用

-ar 動詞　　→　-aba, -abas, -aba, -ábamos, -abais, -aban

-er,-ir 動詞　→　-ía, -ías, -ía, -íamos, -íais,- ían

2 不規則活用

ser　→　era, eras, era, éramos, erais, eran

ir　→　iba, ibas, iba, íbamos, ibais, iban

ver　→　veía, veías, veía, veíamos, veíais, veían

◆2 不完了過去（線過去）の用法

1 過去の習慣、過去に繰り返された動作や行為を表現する → （以前は）～していた

De niña mi hermana vivía en Madrid.

Antes yo iba a la universidad en coche.

2 過去の状態を表わす　（その時）～だった

Antes había una iglesia aquí.

Mi familia vivía en París entonces.

3 主節の動詞が過去を表す場合、同時的行為を表すために従属節の動詞に線過去を用いる → 時制の一致

Mi amigo me dijo que trabajaba en Londres.

4 婉曲表現　不完了過去を用いるが、現在の事柄を丁寧に表現する

Queríamos comprar unas sillas para el salón de casa.

◆3 完了過去（点過去）と 不完了過去（線過去）の使い分け

完了過去（点過去）　→　過去の行為を完結したこととして述べる

不完了過去（線過去）→　過去における行為・状態、習慣的な反復を述べる

María vivió dos años en Barcelona.（今は住んでいない。）

Cuando era estudiante, María vivía en Barcelona.（学生だった時には住んでいる最中）

練習問題

1 ( ) に線過去の適切な活用形を入れて訳しなさい。

(1) Entonces ellos (estar :   ) en la universidad.

(2) Cuando vivíamos en Valencia, (pasear :   ) por la playa.

(3) Antes mi sobrino (comer :   ) mucho.

2 ( ) に点過去か線過去の適切な活用形を入れて訳しなさい。

(1) De niño yo (ir :   ) a la casa de mis abuelos cada verano.

(2) Ayer yo no (poder :   ) dormir bien.

(3) En aquel tiempo vosotras no (saber :   ) nada de español.

3 ( ) に点過去か線過去の適切な活用形を入れなさい。また、なぜ線過去になるのか、点過去になるのかを説明してみましょう。

(1) Cuando eramos niños, (ir :   ) a España por primera vez.

(2) Cuando eramos niños, (ir :   ) a la playa cada verano.

(3) Mi hermano (nacer :   ) cuando yo (tener :   )
6 años.

過去を表す語句

1 完了過去（点過去）

ayer（昨日）antes de ayer（一昨日）
el año pasado（去年）

2 不完了過去（線過去）

antes（以前）entonces（当時、その時）
en aquel tiempo（あの時）
de pequeño /a, de niño /a（子供のころ）

ルネサンス美術
Arte Renacentista

1   El arte gótico dura hasta el primer tercio del siglo XVI como hemos visto en el capítulo anterior y el Renacimiento llegó tarde a España. A lo largo del siglo XVI, las relaciones políticas y económicas con Italia fueron muy importantes para España. Muchos artistas españoles se fueron a Italia y numerosos artistas extranjeros buscaron en España mecenas[1] entre la nobleza. Por ejemplo, El Greco fue uno de los que vinieron a conseguir mecenas para desarrollar su pintura.

   El Monasterio de San Lorenzo de El Escorial es el monumento más representativo de esta época. Es un edificio compuesto del panteón real, el conjunto monástico, el palacio y la biblioteca. Además simboliza la monarquía española a partir del reinado de Felipe II. Después de la muerte de Juan Bautista de Toledo (？-1567), que fue su primer arquitecto, se hace cargo de la construcción Juan de Herrera (1530-1597). Su estilo arquitectónico es frío, sobrio y racional, se le llama estilo herreriano[2] y lo podemos ver en *el Monasterio de El Escorial*.

   Para la decoración de El Escorial trabajaron numerosos artistas extranjeros, por ejemplo, una familia de escultores, de origen italiano –los Leoni, León y su hijo Pompeyo–, que se dedicaron a la escultura de bronce[3]. Sus obras más importantes son *los grupos funerarios de Carlos V y su familia* y *los de Felipe II* (El Escorial). Entre los pintores destacan Pellegrino Tibaldi, Federico Zuccaro y Bartolomé Carducho. En el proyecto de El Escorial hallamos varios pintores españoles. El más destacado es Juan Fernández Navarrete "el Mudo", que aprendió las técnicas de la pintura italiana.

   En la corte de Felipe II, el retrato cortesano tenía gran importancia. Encontramos dos maestros de este género. Uno es Alonso Sánchez Coello cuyas obras más destacadas son el retrato del príncipe Carlos y el de Isabel Clara Eugenia. El otro pintor relevante fue Juan Pantoja de la Cruz, discípulo de Sánchez Coello, cuyas obras más famosas son el retrato de Felipe II (El Escorial) y los de Felipe III.

22

エル・エスコリアル修道院兼宮殿／Shutterstock.com

スペイン美術史 コラム

エル・エスコリアルと日本の少年たち

　エル・エスコリアル修道院兼宮殿建築は、マドリードの北西約50キロにある王室墓廟を中心とした聖堂、修道院、宮殿などからなる花崗岩で造られた複合建造物である。マドリードを首都に定めたのちに、フェリペⅡ世は、スペインがサン・カンタンの戦いでフランスに勝利したことを記念して、また父王カールⅤ世（スペイン国王カルロスⅠ世）のためにハプスブルク王家の墓廟を建設することを決めた。南北207m、東西161mにわたる大規模な建造物群である。1563年に着工、1584年にほぼ完成した。スペイン帝国の権力と栄光の象徴であり、カトリック擁護の牙城として厳格な様式美を持つ。この一大造営事業に際しては、フランドルやイタリアから多くの芸術家達が集められた。また、ヒエロニムス・ボッシュを始め、王室の絵画コレクションの一部もここに移されて、宮殿の部屋の壁面を飾っていた。

　1584年、日本の天正遣欧少年使節がヴァチカンに赴く途中スペインに立ち寄りフェリペⅡ世に拝謁するが、そのときに少年達は完成間もないこの宮殿に滞在している。今も人を拒絶する様な厳格な印象を持つこの巨大な建物は、16世紀末にはるか海を渡り、ヨーロッパにたどり着いた日本の少年達の目にどの様に映ったのだろうか。

---

1 mecenas：芸術文化の擁護者。**2** estilo herreriano：エレーラ様式。建築家エレーラによる厳格様式。
3 escultura de bronce：ブロンズ彫刻。

Repasamos gramática

1 現在完了形　　haber ＋ 過去分詞　→第３課

1 haber 動詞の活用

he, has, ha, hemos, habéis, han　＋　viajado / comido / vivido

▶ 他の時制の活用形も覚えましょう。

2 現在完了の用法

1 まだ終わっていない期間内に起きたことを表現する場合

Este año hemos viajado a España dos veces.
He visto a una amiga esta tarde.

2 現在まで続いていることを表現する場合

Beatriz no ha venido estos días.
Mi profesor ha sido siempre amable con todos.

3 経験を表現する場合

¿Habéis ido a Pamplona?
No he visto el Acueducto de Segovia.

4 現在完了の表現に使われる語句

　副詞　　hoy, ya, todavía, aún
este　＋　año, mes, lunes（曜日）
esta　＋　semana, mañana, tarde, noche

エル・エスコリアル宮殿庭園

練習問題

1 haber の活用表を完成しなさい。

p. 50 参照

	現在形	線過去形
yo		
tú		
él, ella, usted		
nosotros		
vosotros		
ellos, ellas, ustedes		

2 次の質問に現在完了形を使って答えなさい。

(1) ¿Has visto a Andrés hoy ?

No, _____

(2) ¿Habéis ido a México ?

Sí, _____

(3) ¿Ha comido ya usted ?

No, _____

(4) ¿Has hecho la maleta ?

Sí _____

(5) ¿Han venido José y María?

No, _____

3 次の文章を主語、動詞をはっきりさせて訳しなさい。

A lo largo del siglo XV, las relaciones políticas y económicas con Italia fueron muy importantes en España.

主語（主節） _____　　　　動詞 _____

訳 _____

25

エル・グレコ
El Greco

1 El Greco (1541-1614), su nombre verdadero es Doménikos Theokópoulos, es una figura destacada en la pintura española del siglo XVI. Nació en Creta y se formó como pintor de iconos[1] ahí. En torno a 1560 fue a Venecia, después pasó a Roma y en 1576 se trasladó a España. No sabemos el motivo que tenía
5 para viajar a España. Probablemente quería encontrar un mecenas y conseguir trabajo como pintor de El Escorial y de la corte de Felipe II.

En 1576 El Greco reside en Toledo y trabaja en *el retablo de Santo Domingo el Antiguo*, donde fue enterrado el propio pintor, y en *El Expolio* de la Catedral
10 de Toledo. En 1580 pintó *el Martirio de San Mauricio* (El Escorial) por encargo real pero no le gustó a Felipe II. Con este fracaso El Greco perdió la posibilidad de trabajar para la Casa Real. El pintor abrió su taller en Toledo donde pasó su vida artística hasta su muerte en 1614. Toledo influyó intensamente en su vida y el pintor plasmó la configuración de la ciudad en
15 varias obras: *Vista de Toledo* (Metropolitan Museum) y *Laoconte*[2] (National Gallery, Washington). En Toledo El Greco tuvo muchos encargos de temas religiosos y de retratos; su clientela eran eruditos toledanos, seglares y religiosos.

20 De su pintura religiosa, la obra más destacada es *El entierro del Conde de Orgaz* (Iglesia de Santo Tomé). La composición se divide en dos partes, el mundo celestial y el terrenal, es la pintura más particular de El Greco. Otra obra espléndida es *la Anunciación*[3] del retablo del Colegio de doña María de Aragón. El tema de la Anunciación es muy importante en este pintor y
25 tenemos en Japón un cuadro con el mismo motivo, que está en el Museo de Ohara en Kurashiki.

Los retratos más destacados son *el de Hortensio Félix Paravicino* (Museo de Bellas Artes, Boston) y *el del Caballero de la mano en el pecho*.

エル・グレコ《トレド景観図》（エル・グレコ美術館）　提供：Artothek／アフロ

スペイン美術史 コラム

スペインの古都トレド

　エル・グレコが活躍したトレドは、西ゴート王国の王都であり、フェリペⅡ世がマドリードに首都を定める1561年まで古都として繁栄した町である。キリスト教、イスラム教、ユダヤ教はこのトレドで共生し融合していった。アルフォンソⅩ世によって翻訳学校が設立され、アラビア語、ヘブライ語の書物が紹介され、中世ヨーロッパの学芸の中心地として知られていた。エル・グレコの時代、スペイン・カトリックの総本山トレド大聖堂は、神秘主義の中心地でもあり、修道会活動の拠点であった。古都として長い歴史を持つトレドは、貴族、教養人が集まり、また、織物、武器、貴金属などの産業も栄え、豊かな経済力を持っていた。しかし、16世紀後半になると衰退が始まる。1571年には6万2千人以上とされた人口は、1599年には4万5千人、1611年には有力貴族たちが首都マドリードへ移住し、1621年までにはさらに6千人が移り、トレドは、中世の面影を残すだけの地方の町となる。幸運にもエル・グレコは、そのトレドの最後の輝きを享受したが、トレドもまたエル・グレコの絵筆によってスペイン美術の歴史に永遠にその名を刻むことになった。

---

1 *pintor de iconos*：イコンの画家。　**2** *Laoconte*：ラオコーン。ギリシャ神話に登場するトロイのアポロン神殿の神官。
3 *Anunciación*：「受胎告知」。天使ガブリエルがマリアにキリストを身ごもることを告げる新約聖書の一場面。

¡ Repasamos gramática !

1 接続詞 que

1 「（〜という）こと」を表す　　**チェック** 文中で動詞の直接目的語、主語

Carmen sabe la verdad.
Carmen sabe que su amiga se va este domingo.

Es cierto su éxito.
Es cierto que Miguel ganó el primer premio.

2 接続詞 que と共に使われる語句

creer（思う）　　　pensar（考える）　　　parecer（〜の様に見える）

2 関係代名詞 que

関係代名詞 que は、que の前にある名詞と、その説明をつなぐための接着剤と考える。

先行詞　→　人、物

La película que vi anoche es española.
Leo una novela interesante que me compró mi padre.

3 関係代名詞 quien

先行詞　→　人　　　　　quien は先行詞なしで用いることができる。

Quien no ha visto Granada, no ha visto nada.

4 関係副詞 donde

先行詞　→　場所

Esta es la ciudad donde nació Velázquez.

トレド全景

練習問題

[1] 次の文章を適切な関係詞を用いて一文にしなさい。

(1) La iglesia es románica. Visitamos una iglesia ayer.

(2) Mi amiga vive en Toledo. Mi amiga es japonesa.

(3) El Greco pintó este cuadro. El cuadro está en el Museo del Prado.

[2] (　　　) に適切な関係詞を入れて訳しなさい。

(1) La chica (　　　　　　) está allí es de Brasil.

(2) El teatro (　　　　　　) estuvimos es del estilo barroco.

(3) Me gustan los zapatos (　　　　　) lleva Juana.

[3] スペイン語に訳しなさい。

(1) 私はロサリオはポルトガル人だと思う。

(2) 弟は風邪をひいたようだ。

(3) 祖母は僕がサッカーを好きなことを知っている。

バロック美術 I. 17世紀の絵画
Arte Barroco I. La pintura del siglo XVII

1   El arte barroco tiene dos aspectos: el religioso y el político; uno está representado por la Iglesia contrarreformista[1] y el otro por la monarquía absoluta[2]. Por eso el arte barroco fue apoyado por los mecenas de estos dos poderes. En el siglo XVII la pintura española alcanza un nivel más alto que nunca.

5   La mayor parte de las pinturas barrocas seguían tratando el tema religioso. Los cuadros religiosos están rígidamente vigilados y orientados bajo la normativa de la Iglesia. Las escenas mitológicas estaban prohibidas en general. Pero a pesar de esta situación la pintura floreció en esta época. El panorama de las distintas escuelas estaba lleno de maestros de gran valía: Ribera, Zurbarán, Velázquez,
10 Murillo y otros muchos.

   José de Ribera nació en Valencia, muy joven se marchó a Italia y se asentó en Nápoles, virreinato[3] de España. Sus obras más destacadas son *el Martirio de San Felipe* y *El sueño de Jacob*.

   En la escuela sevillana, Francisco Zurbarán fue uno de los grandes maestros.
15 Era extremeño, y se formó y estableció en Sevilla, donde hizo la mayor parte de su obra. Pintó grandes series para las órdenes monásticas, como el ciclo de pinturas para los mercedarios, que incluye *la Visión de la Jerusalén Celestial por San Pedro Nolasco*. Y para los cartujos pintó *San Hugo en el refectorio* (Museo de Bellas Artes, Sevilla). Otra serie curiosa de este pintor es una serie sobre Santas,
20 como el cuadro de *Santa Casilda*.

   Esteban Murillo era un poco más joven que Zurbarán y el pintor más importante de la pintura religiosa de este período. Su estilo se caracteriza por la sencillez. Esto facilita el entendimiento de los episodios religiosos. El tema más importante de su obra es *La Inmaculada Concepción*[4] como la de El Escorial, la
25 de Aranjuez y la de "Soult".

   Juan de Valdés Leal es de la misma generación que Murillo y dicen que es uno de los últimos representantes de la escuela sevillana. El encargo más importante es el ciclo del Hospital de la Caridad. *Las Postrimerías* son sus obras más conocidas y excelentes.

エステバン・ムリーリョ《貝殻の子どもたち》　提供：ALBUM／アフロ

スペイン美術史コラム

黄金世紀・芸術文化のサポーター

　17世紀の画家たちの活躍は、新国王フェリペⅣ世の即位とほぼ同時に始まった。美術ばかりでなく、文学、演劇など芸術が花開いた時代で"Siglo de Oro"（黄金世紀）と呼ばれる。スペイン文学で世界的に有名な、セルバンテスの「ドン・キホーテ」もこの時代に書かれた。

　絶対主義王政と対抗宗教改革を背景に、スペインでは特に絵画の分野が目覚ましく発展し、多くの優れたスペイン人画家たちが輩出した。また、彼らを庇護するメセナも多くいたのである。17世紀には世紀の競売と呼ばれる二つの競売がある。熱心な絵画コレクターであったイギリス国王チャールスⅠ世とその側近たちのコレクション、そしてバロックの巨匠、ルーベンスの遺品の競売である。ルーベンスは優れた美術コレクターでもあった。それらは主にスペイン国王フェリペⅣ世とオーストリアハプスブルク家のレオポルド大公との間での獲得への攻防でもあった。現在はそれぞれにウィーン美術史美術館とプラド美術館に所蔵されている。ウィーンとマドリードのこの二つの美術館の絵画コレクションは二つのハプスブルク王家の芸術擁護の結実である。

---

1 Iglesia contrarreformista：16世紀のプロテスタントの宗教改革に対抗するカトリックの改革運動。　**2** monarquía absoluta：絶対主義君主制。　**3** virreinato：副王、または副王によって支配されていた領地を指す。副王は、国王の代理としてイタリアやアメリカ大陸に派遣されていた。　**4** *Inmaculada Concepción*：無原罪のお宿り。聖母マリアは原罪無くして生まれたというカトリックの教義。

¡ Repasamos gramática !

1 所有形容詞

1 前置形

1. 名詞の前に置く
2. １・２・３人称単数形は性の変化なし、数によって変化
3. １人称複数・２人称複数は名詞の性・数によって変化
4. ３人称複数形には性の変化なし、数によって変化

mi(s), tu(s), su(s), nuestro(-a,-os,-as), vuestro(-a,-os,as), su(s)

Nuestra universidad está en Tokio.
Mis abuelos viven en León.

2 後置形

1. 名詞の前に冠詞、指示形容詞がある場合に用いる。

   Una amiga mía viene de México.

2. 名詞の性・数に一致する。

   Este coche es suyo.
   Estas corbatas son nuestras.

セビーリャ大聖堂ヒラルダの塔

mío(-a,-os,-as), tuyo(-a,-os,-as), suyo(-a,-os,-as),
nuestro(-a,-os,-as), vuestro(-a,-os,-as), suyo(-a,-os,-as)

*〜のものである → ser ＋ 後置形　　¿Este bolso es tuyo?
*〜の（もの）→ 定冠詞 ＋ 後置形　　Tu tío y el mío viven en la misma ciudad.

練習問題

1 (　　　) に適切な所有形容詞を入れて訳しなさい。

(1) ¿Me dejas (君の :　　　　　　　　　　) diccionario?

(2) A (私の :　　　　　　　　　) madre le gusta viajar.

(3) Esta es (彼女の :　　　　　　　　) maleta.

2 (　　　) に適切な所有形容詞を入れなさい。

(1) Una amiga (彼女の :　　　　　　　　) vive en Perú.

(2) (私の :　　　　　　　　) coche es alemán.

(3) Estos libros son (彼らの :　　　　　　　)

3 本文を読んで次の質問に答えなさい。

(1) ¿Dónde trabajó Jusepe de Ribera?

(2) ¿Cuál es la obra más representativa de Murillo?

(3) ¿Dónde nació Zurbarán?

4 (　　　) に適切な所有形容詞の後置形を入れなさい。

(1) Esta pluma es (彼女の :　　　　　　　).

(2) Un amigo (私の :　　　　　　　) es médico.

(3) Este coche es (私たちの :　　　　　　).

33

バロック美術II. ベラスケス
Arte Barroco II. Velázquez

Diego Rodríguez de Silva y Velázquez es el pintor español más importante y uno de los grandes maestros de la pintura barroca en Europa. Nació en Sevilla y se formó artísticamente en el taller de Francisco Pacheco. En 1617, después de superar el examen del gremio de pintores, lo acreditaron como maestro pintor. Al año siguiente se casó con Juana Pacheco, la hija de su maestro. En la época sevillana, la mayor parte de sus obras son bodegones[1] con influencia tenebrista[2], por ejemplo en *la Vieja friendo huevos* (National Gallery, Edimburgo), *Cristo en casa de Marta y María* (National Gallery, Londres) y *El aguador de Sevilla* (Wellington Museum, Apsley House, Londres).

En 1623, el año que hizo el segundo viaje a Madrid, tuvo ocasión de pintar el retrato del rey Felipe IV y conseguir el favor del mismo. A partir de entonces el pintor sevillano vivió en la capital del reino, y pasó la vida como pintor de cámara y como cortesano hasta su muerte en 1660. En el primer período madrileño el maestro realizó *el triunfo de Baco*, más conocido como *Los borrachos*. Es su primer cuadro mitológico donde vemos la influencia de Rubens, el gran maestro flamenco de la pintura barroca. En 1629 Velázquez realizó su primer viaje a Italia y el segundo lo hizo en 1648.

Después de su regreso a Madrid, trabajó para el Salón de Reinos[3] en el Palacio del Buen Retiro. La obra más destacada de este período es *La rendición de Breda*. El retrato es un trabajo muy importante del pintor de cámara. El pintor sevillano realizó muchos retratos de la Casa Real y de la gente de la corte, como los de Felipe IV, los del príncipe Baltasar Carlos y los de la infanta Margarita. Aparte de la familia real, los retratos de enanos[4] son maravillosos como *El niño de Vallecas* y *Bufón con libros*.

Después del segundo viaje a Italia, en la última etapa madrileña, realizó las obras cumbres de su vida artística. Tuvo muchos trabajos en la corte y entre otros realizó *Las meninas*, obra difícil de interpretar. Pero aquí el pintor de cámara nos presenta su maravillosa sabiduría para pintar lo que estamos viendo.

ディエゴ・ベラスケス《ラス・メニーナス》　©スペイン政府観光局

スペイン美術史コラム

現実の世界を見続けたベラスケス

　ディエゴ・ベラスケスは、宮廷画家そして宮廷の官吏という二役を担って国王フェリペⅣ世に仕えた。宮廷画家の主たる仕事は肖像画の制作であり、作品数では、肖像画がその大半を占めている。当時肖像画は、描かれたモデルの社会的立場や権力、家柄などを対外的に示す重要な役割を持っていたが、《ラス・メニーナス》は、国王の夏の執務室を飾るプライベイトな作品であり、様々な解釈があるものの、絵画芸術の高貴さを示すものであると考えられる。

　また、数的には多いとは言えないが、ベラスケスの神話画は非常に独創性が高い。《バッカスの勝利（ロス・ボラーチョス）》、《フェリペⅣ世の家族の肖像（ラス・メニーナス）》とほぼ同時期に描かれた《アラクネの寓意（ラス・イランデーラス）》は、ともにルネサンス以来の理想的な田園風景ではなく、現実的な空間に展開しており、いくつかのモティーフを除いては現実の世界の出来事として描かれている。一時期、それぞれに人間が扮装したバッカスと農夫たちの酒盛り、タペストリー工場での一場面との解釈がなされていたことからもわかるように、ベラスケスの神話主題は、この画家特有の自然主義的視点で展開している。

　従来の伝統に学びながらも、それとは異なる自らの解釈や表現によって、他者には真似のできない自身の絵画世界を全うすることができた稀有な画家といえる。

---

1 bodegón：食物や花などの静物、厨房の様子や庶民の食事の様子を描いた17世紀スペイン特有の静物画。現在は一般的にスペインの静物画と訳される。　**2** tenebrista：tenebrismo（明暗法）の形容詞。17世紀の自然主義絵画における技法、「明暗法の」。　**3** Salón de Reinos：レティーロ宮殿にあった玉座の間で「諸王国の間」と訳される。複数の画家たちによってスペインの戦勝画、王家の騎馬像などで装飾されていた。　**4** enano：王家の人々や貴族を楽しませるために宮廷に仕えていた身体的、または精神的に障害を持った人々。主に矮人を指す。

¡ Repasamos gramática !

① 現在分詞

1 規則動詞

-ar 型 → -ando   -er, -ir 型 → -iendo

2 母音 + -iendo → -yendo   leer → leyendo   oír → oyendo

3 語尾が -ir の語幹母音変化動詞

mentir → mintiendo   seguir → siguiendo

pedir → pidiendo   dormir → durmiendo

4 不規則動詞

ir → yendo   decir → diciendo

venir → viniendo   poder → pudiendo

② 進行形   estar + 現在分詞

進行している動作を表す。

Estoy leyendo una novela muy interesante.

Mi hermano está comiendo en la cocina.

1 seguir + 現在分詞   「～し続ける」

Mi prima sigue tocando el piano.

2 ir + 現在分詞   「～して行く」

Vamos probando poco a poco.

③ 現在分詞を用いた分詞構文

Teniendo mucho trabajo, no puedo dormir bien. 「～なので」

Mi padre siempre desayuna leyendo el periódico. 「～しながら」

練習問題

1️⃣ 次の質問の動詞を現在進行形にして、進行形で答えなさい。

(1) ¿Qué hacer tú ahora?　estudiar español

(2) ¿Qué hacer tu padre?　leer periódico

(3) ¿Qué hacer vosotros?　comer paella

2️⃣ 日本語に訳しなさい。

(1) Yendo por esta calle, vas a llegar a la estación de Atocha.

(2) Vamos charlando.

(3) Pensando tantas cosas, no duermo bien.

3️⃣ スペイン語に訳しなさい。

(1) 彼女は眠り続けた。

(2) 兄はテレビを見ながら食事をする。

(3) 探しながらゆきましょう。

4️⃣ 次の文章を主語と動詞を確認しながら訳しなさい。

Veláquez tuvo ocasión de pintar el retrato del rey y conseguir su favor.

主語 ....　動詞 ....

訳 ....

近代絵画の幕開け　フランシスコ・ゴヤ
Arte del siglo XIX y Goya

1   Después de la caída de la casa de Austria, el nieto de Luis XIV de Francia, Felipe V llegó a España y empezó el reinado de la Casa de Borbón en el siglo XVIII. El rey francés trajo la cultura y el arte de su propio país a la corte española. A mediados de ese siglo apareció un personaje muy importante en
5   la corriente del arte occidental, es Francisco de Goya y Lucientes.

Nació en un pueblo, en Fuendetodos (Zaragoza). Se formó en un taller de un pintor local. En 1763 Goya intentó lograr una beca de la Real Academia de San Fernando, pero le fue denegada. Fue a Italia en 1769, todavía no sabemos nada en concreto de su estancia ahí, sólo nos dejó un cuaderno de dibujos.

10   A su regreso a España comenzó a recibir sus primeros encargos, como las pinturas para La Basílica del Pilar. Contrajo matrimonio con Josefa, la hermana del pintor de cámara, Francisco Bayeu. Este le facilitó el acceso a la corte. Goya consiguió el puesto de pintor de cartones[1] para la Real Fábrica de Tapices, *El quitasol, La boda, La pradera de San Isidro* son las obras más conocidas entre
15   otras muchas de este período. En 1780 fue nombrado miembro de la Real Academia de San Fernando, fue un éxito muy importante para él. Goya fue teniendo encargos de aristócratas como *El conde de Floridablanca*. En 1786 Carlos III nombró a Goya pintor del rey, y en el reinado de Carlos IV fue nombrado pintor de cámara. Goya estaba en el cenit de su vida, pero en 1797
20   sufrió los efectos de una grave enfermedad y quedó sordo. Esta situación la reflejó en sus lienzos. A partir de ese momento realizó numerosos grabados, por ejemplo *Los Caprichos*. En 1800 realizó *La familia de Carlos IV,* uno de sus retratos más importantes.

Durante la guerra de Independencia[2] pintó dos cuadros, *El dos de mayo de*
25   *1808* y *Los fusilamientos del tres de mayo*. Además de bastantes cuadros que tratan de la guerra, realizó una serie de grabados muy conocida titulada *los Desastres de la guerra*. Después del regreso de Fernando VII a España, en 1819, el pintor tenía una situación difícil y se retiró a la Quinta del Sordo[3] durante cinco años. Ahí pintó en la pared las famosas *Pinturas Negras*. Goya decidió
30   expatriarse a Burdeos y ahí siguió pintando hasta su fallecimiento a los ochenta y dos años. Una de sus últimas obras es *la Lechera de Burdeos*.

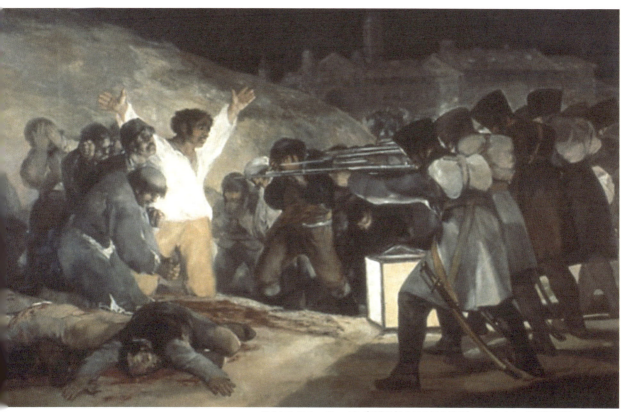

フランシスコ・デ・ゴヤ《1808年5月3日の銃殺》　©スペイン政府観光局

スペイン美術史 コラム

近代絵画の扉を開けた画家

　スペイン美術史の中でゴヤは日本人には最も知られた画家と言えよう。プラド美術館に行ったらゴヤの二人の《マハ》たちの前に直行、あるいは実際にその作品を見たことがなくてもゴヤの名前は知っている、という日本人も少なくないだろう。それはこの画家の劇的な人生そのものが日本人を惹きつけているからなのではないだろうか。

　ゴヤの評価は、スペイン美術史上だけに止まらない。西洋美術史において「近代絵画はゴヤから始まった」、「ロマン主義を先駆けた画家」と評される。彼は、18、19世紀と二つの世紀をまたいで生きた画家である。フランス革命を境に政治だけではなく、経済、思想、様々な面でヨーロッパ社会の大転換期を生き抜いた。画家としての彼の前半生は、成功を掴むのは遅かったにしても宮廷画家の地位を手に入れて、宮廷での生活にご満悦といった様にもみえる。しかし、病気で聴覚を失ってからの後半生は、ゴヤ本来の姿が頭をもたげて来るのである。画家の周囲の人々や出来事をさらには自分自身をも客観的に見つめ、キャンバスに表現していった。ゴヤ作品に見られる凄まじいほどの変化は、同時にゴヤ自身が自分に目覚める過程の記録でもある。18世紀末から19世紀、ヨーロッパ近代への産みの苦しみの足跡を、ゴヤは自らの作品に見事に残していった様に思える。

---

1 cartón：原寸大下絵。　2 guerra de Independencia：19世紀初頭、ナポレオンの侵略によって起こったスペイン独立戦争。
3 Quinta del Sordo：ゴヤが蟄居した家、「聾の家」と訳される。

Repasamos gramática

1 無人称表現

1 se を用いる無人称表現
se ＋ 動詞三人称単数形　「人は（誰でも、一般的に）〜する」
一般的な事柄、習慣を表す。
Se vive bien en San Sebastián.
¿Cómo se dice?

2 三人称複数を用いる無人称表現
特定の主語のない三人称複数形の動詞　「(特定できない人たちが)〜する」
Hoy televisan el partido de fútbol en Antena 3.
Dicen que van a cerrar esa floristería.

2 hacer

1 時間の経過を表す　hacer ＋ 期間 ＋ que　「〜前から〜している」
Hace un año que estudio español.

2 天候を表す　hacer ＋ 天候
Hace buen / mal tiempo.
Hace viento / sol / calor / frío / fresco.

3 使役を表す　hacer ＋ a ＋ 人 ＋ 不定詞（動詞の原形）
Mi padre hace estudiar a mi hermano en España.

プラド美術館入口ゴヤ像

練習問題

1 スペイン語に訳しなさい。

(1) 私の両親は私にフランス語を習わせる。

(2) ハイメは３年前から日本語を勉強している。

(3) 今日はとても暑いですね。

2 日本語に訳しなさい。

(1) ¿Cómo se va a la estación?

(2) Se vive muy bien en Mallorca.

(3) En ese cine ponen una película divertida.

3 次の文章を主語と動詞を確認しながら訳しなさい。

(1) Goya sufrió una grave enfermedad y quedó sordo.

主語（主節）　　　　　　　　　　　動詞

訳

(2) Goya fue nombrado miembro de la Real Academia, fue un éxito muy importante para él.

主語（主節）　　　　　　　　　　　動詞

訳

モデルニスモ建築
La Arquitectura Modernista

A finales del siglo XIX, Barcelona era una ciudad cosmopolita y Cataluña era una región vigorosa y rica en España. Por lo tanto, en este lugar se desarrollaron unos movimientos interesantes, culturales y artísticos. Uno de estos se llama el modernismo[1]. Entre muchos modernistas catalanes, un personaje señalado es Antoni[2] Gaudí i Cornet, el arquitecto de *la Sagrada Familia*.

Antoni Gaudí es un arquitecto muy personal y el máximo representante del modernismo catalán. Nacido en Reus en 1852, estudió en la Escuela de Arquitectura de Barcelona. En 1878 obtuvo el título de arquitecto.

Sus primeras obras famosas, la *Casa Viçens* y *El capricho*, todavía no tienen su estilo. En 1883 se hizo cargo de las obras de *la Sagrada Familia* después de Francisco Villar. A partir de ese momento Gaudí trabajó ahí durante más de cuarenta años. Podemos encontrar la imaginación creativa de Gaudí aquí, aunque no esté terminada. En *la Sagrada Familia* encontramos al escultor japonés Etsuro Sotoo, que hizo unos ángeles tocando instrumentos en la Fachada del Nacimiento que es la única terminada por el propio Gaudí.

Eusebi Güell fue su principal mecenas, Gaudí realizó el *Parque Güell*[3] y el *Palacio Güell*[4] para él. En estos edificios observamos muchos elementos propios de Gaudí. En su programa ornamental, son protagonistas la cerámica y elementos vidriados. En *la Casa Batlló*[5] y *Milá*[6], esta última más conocida como *La Pedrera*[7], los diseños de las chimeneas son los más geniales y dinámicos del arquitecto catalán.

Otros arquitectos modernistas catalanes son Lluís Domènech i Montaner, Josep Puig i Cadafalch, Francesc Berenguer i Mestres y Josep Maria Jujol que también son muy destacados.

ミラ邸／Shutterstock.com

スペイン美術史コラム

スペイン19世紀末芸術の拠点バルセロナ

　19世紀末にヨーロッパに巻き起こった新しい芸術を求める動きは、スペインではカタルーニャを中心に、主として建築の分野で展開した。バルセロナでは、都市への人口集中などによって1854年、中世の要塞都市のシンボルであった城壁が壊され、I. セルダの計画によって20ヘクタール弱から200ヘクタール規模の可能性を持つ都市へと拡張された。中南米（主としてキューバ）における出稼ぎ等によって経済的成功を収め帰国した人々は、綿織物工業と鉄鋼業の隆盛によって工業と貿易に基盤をおいた新しい社会層を形成し、カタロニアのブルジョワジーが登場する。彼らは、自分たちの階層を明確に社会に位置づけるために、新しい都市造りや文化への経済的援助を惜しまなかった。このようにして集合住宅、豪壮な邸宅、教会、学院、労働者居住地、新田園都市の建設が計画されたのである。ガウディのパトロンであったエウセビ・グエイもまたこの様な新興市民階級であった。ガウディというと私たちは未完のサグラダ・ファミリアに注目しがちだが、バッリョ邸やミラ邸、サンタ・テレサ学院、グエイ公園などは、まさにこの様な新しい社会層の支えによって実現したガウディ建築の代表作である。

---

1 modernismo：19世紀末に起こった建築、美術における近代主義運動。　**2** この課ではカタルーニャ語表記と発音を優先しています。スペイン語では Antonio Gaudí Cornet。　**3** *Parque Güell*：グエイ公園　**4** *Palacio Güell*：グエイ邸　**5** *Casa Batlló*：バッリョ邸。　**6** *Casa Milá*：ミラ邸。　**7** *La Pedrera*：ラ・ペドレラ（石切場）というミラ邸の別称。

¡ Repasamos gramática !

1 比較級

1 優等比較
más ＋ 名詞・形容詞・副詞 ＋ que

2 劣等比較
menos ＋ 名詞・形容詞・副詞 ＋ que

3 同等比較
tan ＋ 名詞・形容詞・副詞 ＋ como

2 比較の表現

1 動詞の程度を比較　　más (menos) que
Mi amiga duerme más que yo.　　　　　　Mi prima come menos que yo.

2 名詞の数・量を比較　　más (menos) ＋ 名詞 ＋ que
Mi abuela tiene más dinero que mi padre.　　Carlos tiene menos interés en el fútbol que tú.

3 形容詞の程度を比較　　más (menos) ＋ 形容詞 ＋ que
Él es más guapo que su padre.　　　　　　Mi tía es menos alegre que su hija.

4 副詞の程度を比較　　más (menos) ＋ 副詞 ＋ que
Mi padre sale de casa más temprano que nosotros.　　Mario corre menos rápido que su hijo.

3 不規則な比較級
bueno / bien → mejor　　　　　　malo / mal → peor
grande → mayor（年上）　　　　　pequeño → menor（年下）

más grande que　　　　　más pequeño que　　　チェック 大きさの比較

Mi prima cocina mejor que yo.
Carlos conduce peor que tú.

44

練習問題

1 (　　　) に適切な比較級を入れて訳しなさい。

(1) Juana tiene tres años (　　　　　　) que Pilar.（年令）

(2) Ella estudia español (　　　　　) que nadie.

(3) Yo como (　　　　　) que mi hermana.

(4) María cocina (　　　　) que yo.

(5) Este diccionario es (　　　　　) caro como el tuyo.

2 スペイン語に訳しなさい。

(1) 私の弟は私より運転が下手だ。

(2) 彼女は彼女の母よりも早くに家を出る。

(3) 私の父は母よりも少食だ。

(4) 妹は私より背が高い。

(5) このワインはそれよりも良い。

スペインの前衛芸術家たち
Los artistas de la vanguardia española

1   En el siglo XX encontramos muchos artistas vanguardistas[1]. La mayoría de ellos fue al extranjero, sobre todo a París. Entre ellos, el artista más destacado es Pablo Ruiz Picasso. La figura artística de él tiene proyección universal.

    Nació en Málaga en 1881, su padre era profesor de dibujo de la Escuela de
5 Artes y Oficios. El artista ya se formó artísticamente con su padre desde su niñez. En 1895 la familia de Picasso se trasladó a Barcelona y el ambiente artístico catalán le dio experiencias estéticas. En 1904 Picasso se instaló en París. Después del período azul[2] y el rosa[3], el arte de Picasso pasó por la etapa cubista. El cubismo[4] es una revolución en la forma de la pintura. *Las señoritas*
10 *de Avignon* inicia este nuevo ciclo del maestro. Entre las numerosas obras de Picasso, el cuadro más significativo es *Guernica*, destinado al Pabellón de la República Española en la Exposición Universal de París. En 1936 empezó la Guerra Civil Española y ocurrió el bombardeo de Guernica. Esa tragedia le hizo a Picasso realizar un lienzo gigante.

15   En la última etapa artística del maestro hasta su muerte en 1973, destacan las recreaciones de las obras de los grandes maestros: *Las mujeres de Argel* de Delacroix[5] y *Las Meninas* de Velázquez.

    Otro artista vanguardista es Joan Miró, pintor surrealista[6], que nació en Barcelona en 1893. Viajó dos veces a París en 1919 y 1920. Esto fue una
20 experiencia muy importante para su evolución artística. Las obras representativas del maestro son *Carnaval d'Arlequín* y *Caracol, Mujer, Flor, Estrella*.

    Salvador Dalí es el más importante de los surrealistas españoles. Conoció a importantes intelectuales como Federico García Lorca[7] y Luis Buñuel[8] en la Residencia de Estudiantes de Madrid en los años veinte. En 1928 fue a París
25 y se integró en los círculos surrealistas y empezó a realizar cuadros su-rrealistas. Cuando estalló la Segunda Guerra Mundial, se trasladó a los Estados Unidos. Al regresar a España se dedicó a actividades escenográficas. Este gran artista falleció en 1989. Es el último representante de una generación de grandes maestros españoles.

ピカソ《ゲルニカ》　©2018 - Succession Pablo Picasso - BCF (JAPAN)

スペイン美術史コラム

3人の巨匠たち

　19世紀末の芸術運動の雰囲気の中に育った若き芸術家たちは、やがてその多くが国外を活動の拠点とするようになる。特にパリはバルセロナとの文化的つながりもあり、若き芸術家たちの多くはパリへ旅し、また活動拠点とした。ピカソ、ミロ、ダリという20世紀スペインが生んだ三人の巨匠たちもまた、国外へとその活躍の場を広げて行った。

　ミロは二度パリに旅をしたがその経験は彼の芸術に大きな変化をもたらした。ダリは、パリのピカソのアトリエを尋ねているが、やがてパリではなく、8年に渡ってアメリカに滞在し、上流社会に顧客を持ち、ハリウッドの映画制作にも携わった。ピカソは、休暇でスペインに滞在することはあっても、その死まで拠点をフランスに置いた。

　20世紀は二度の世界大戦、スペイン内戦などに代表される戦争の時代である。しかし、その混沌とした時代にあって、絵画の革命と言われるキュビスムやシュールレアリスムといった前衛的な絵画が誕生するのである。20世紀という、ある意味凄まじい時代の真ん中を歩いて来た三人の巨匠たちは、いずれもがエネルギッシュで長命である。ピカソは92歳、ミロ90歳、ダリ85歳、彼らはその驚くべきエネルギーで激動の20世紀を駆け抜けた。

---

1 artista vanguardista：前衛芸術家　**2** (período) azul：ピカソの「青の時代」　**3** (período) rosa：ピカソの「バラ色の時代」
4 cubismo：キュビスム。20世紀前半の絵画における形態革命。　**5** Delacroix：ドラクロワ、19世紀フランスのロマン主義を代表する画家。　**6** surrealista：シュールレアリスム。超現実主義と訳される。
7 Federico García Lorca：フェデリコ・ガルシア・ロルカ、20世紀前半を代表する文学者。内戦時にフランコ派によって処刑された。　**8** Luis Buñuel：ルイス・ブニュエル、スペイン・シュールレアリスムの映画監督。

Repasamos gramática

◆1 最上級

1 形容詞の場合　| 定冠詞 ＋ （名詞） ＋ más ＋ 形容詞 ＋ de |

La Catedral de León es una de las más bonitas del mundo.

2 副詞の場合　| 定冠詞 ＋ que ～　más ＋ 副詞 de |

Hierro fue el que jugó mejor al fútbol en el partido de ayer.

◆2 絶対最上級　| 形容詞・副詞 ＋ -ísimo/a |

1 語尾が母音で終わる場合
　　　→ 母音をとって　-ísimo/a をつける　　　alto → altísimo/a

2 形容詞の場合
　　　→ 語尾変化に注意　–ísimo, -ísima, -ísimos, -ísimas

la comida buenísima

el vestido carísimo

3 注意するもの
綴りに注意　　　　　rico → riquísimo　　　largo → larguísimo
不規則　　　　　　　amable → amabilísimo　　fuerte → fortísimo

◆3 不定語と否定語

1 代名詞　algo と nada
algo　「何か」不特定の者を指す。　　　性・数の変化なし
nada　「何も（～ない）」algo の否定形。　性・数の変化なし

2 副詞　algo と nada
algo　＝　少し　　　　　　　Estoy algo cansada.
nada　＝　全くない　　　　　No es nada importante.

3 代名詞　alguien と nadie
alguien　「誰か」　不特定の人物　　　性・数の変化なし
nadie　　「誰も（～ない）」　　　　　性・数の変化なし

4 代名詞・形容詞　alguno と ninguno
alguno　　「ある、なんらかの」　　　　　人、こと、ものに使い性・数の変化あり
ninguno　「ひとりの、ひとつも～ない」　人、こと、ものに使い性・数の変化あり
　　チェック　男性単数名詞の前で語尾の o が脱落

48

練習問題

1 (   ) に適切な絶対最上級を入れなさい。

(1) La paella que hace mi madre es (rico :   ).

(2) Mercedes siempre está riendo, es (simpático :   ).

(3) Mi abuelo cuenta los chistes muy bien, es (bueno :   ).

2 日本語に訳しなさい。

(1) Carmen es la chica más simpática de todos.

(2) El húngaro es el idioma más difícil del mundo.

(3) Granada es la ciudad más bonita de España.

3 (   ) に適切な語句を入れて否定と不定の文章を作りましょう。

(1) ¿Hay (   ) tienda de recuerdos por aquí?

(2) Nosotros no vimos a (   ) anoche.

(3) Quiero (   ) de comer.

4 スペイン語に訳しなさい。

(1) ピカソは最も有名な芸術家だ。

(2) ミロは二度パリに旅した。

(3) スペイン内戦は 1936 年に始まった。

¡ Repasamos más gramática !

* ここでは、テキスト本文では扱っていない、スペイン語習得に必要な基本文法を復習しましょう。
* 辞書を「引く」のではなく、「読む」という意識をもって最大限に活用しましょう。語句の意味だけではなく、使い方も含めしっかりと利用してください。

1 スペイン語の語順

スペイン語は語順が比較的自由で英語のように厳密でないため、主語や目的語をしっかりと把握することが必要となる。

基本の語順

肯定文：（主語）＋（no）＋動詞＋主格補語＋目的語（直接・間接）

否定文： Nosotros (no) somos estudiantes universitarios.

Compro una revista japonesa.

疑問文： ① 疑問詞なし 　¿動詞 ＋（主語）＋ 目的語（直接・間接）？

¿Esperas （tú） 　 a 　 Elena?

② 疑問詞あり 　¿（前置詞）疑問詞 ＋ 動詞 ＋（主語）＋ 目的語？

¿ 　 Dónde 　 vienen 　（ustedes)?

2 叙法（文の内容に対して話し手がとる心的態度を示す動詞の語形変化）

直説法 　 事象を客観的な事実として述べる。

現在（現在完了）

過去（完了過去、不完了過去、過去完了、過去未来、過去未来完了）

未来（未来完了）

命令法 　 聞き手に話し手の意思を伝える。

接続法 　 事象を話し手の主観との関連性において述べる。

3 直説法過去完了

本文中では、直説法の過去形は完了過去（点過去）と不完了過去（線過去）だけを説明したが、過去形には過去完了がある。過去完了は、話している時点よりもさらに前の時点で終わった行為や状態を表す。

助動詞 haber の直説法・不完了過去形 　　　　　＋ 過去分詞

（había, habías, había, habíamos, habíais, habían）

El avión **había salido** cuando llegamos al aeropuerto.

Hasta entonces **no había conocido** a su novio.

Había visto televisión hasta que llegaste ayer.

4. 直説法過去未来
   i. 規則活用　不定詞 + -ía, -ías, -ía, -íamos, -íais, ían
   ii. 不規則活用
      ① 不定詞の母音が脱落。
         poder　　podría, podrías, podría, podríamos, podríais, podrían
      ② 不定詞の母音が d に変わる。
         tener　　tendría, tendrías, tendría, tendríamos, tendríais, tendrían
      ③ 完全不規則型
         decir　　diría, dirías, diría, diríamos, diríais, dirían
   iii. 用法
      ① 話している時点よりも前の過去から見た未来を表す
      ② 過去の事象を現在から推量する
      ③ 願望や主張を婉曲的に表現する

   Pilar me dijo que **viajaría** a Australia este verano.
   Ellos **estarían** en Florencia esta semana.
   Me **gustaría** conocer al embajador de España.

5. 直説法過去未来完了
助動詞 haber の 直説法・過去未来　　　　　+ 過去分詞
(habría, habrías, habría, habríamos, habríais, habrían)

① 過去の時点から見た未来完了を表す、② 過去完了の推量を表す、③ 非現実的条件文（過去の事実に反する）に用いる。

Lucía me dijo que **habría terminado** el trabajo antes del fin de este mes.
Habría salido el autobús para Toledo si hubieramos llegado al hotel.
Si fuera yo, no lo **habría hecho**.

6. 直説法未来
(1) 未来
   i. 規則活用　　tomar　　　tomaré, tomarás, tomará, tomaremos, tomaréis, tomarán
                comer　　　comeré, comerás, comerá, comeremos, comeréis, comerán
                vivir　　　viviré, vivirás, vivirá, viviremos, viviréis, vivirán

   ii. 不規則活用
   ① 不定詞の母音が脱落。
      poder　　podré, podrás, podrá, podremos, podréis, podrán
   ② 不定詞の母音が d に変わる。
      salir　　saldré, saldrás, saldrá, saldremos, saldréis, saldrán

③ 完全不規則型
　　　hacer　　　haré, harás, hará, haremos, haréis, harán

iii. 用法
① 話している時点よりも、後に起こると推量される行為・状態を表す。
② 話している時点よりも、後の時点で行われる予定の行為・状態を表す。
③ 命令

Nosotros **no saldremos** de casa mañana.
Ya Juan **estará** en la oficina.
Tú **estudiarás** más.

(2) 未来完了
① 未来における完了、② 現在完了の推量、③ 命令を表す。
haber の未来形　　　　　　　　　　　　　　＋ 過去分詞
(habré, habrás, habrá, habremos, habréis, habrán)

Me **habréis entregado** el trabajo mañana.
Como se ha retrasado el tren, no **habrán llegado** ellos a clase.
Habrás hecho la maleta dentro de una hora.

 命令文
(1) 肯定命令
① 二人称単数規則　(tú) → 直説法現在三人称単数形　　Toma, Come, Escribe
　二人称単数不規則　decir → di　　　hacer → haz　　　ir → ve
　　　　　　　　　　poner → pon　　salir → sal　　　ser → se
　　　　　　　　　　tener → ten　　venir → ven

② 二人称複数 (vosotros, vosotras) 不定詞の語末の -r を -d に変える。
Tomad.　Comed.　Escribid.

③ 二人称（単・複）以外は接続法現在形を用いる。
Tome.　Coma.　Escriba.

i. 目的格代名詞がある場合
肯定命令では必ず後ろにつける。
Tómalo.　Cómelo.　Dígame.　Siéntate.　Vete.

ii. 再帰代名詞の場合
　1人称複数　→　-s が脱落
　2人称複数　→　-d が脱落
　　　＊irse は不規則なので注意！

(2) 否定命令

   i.　すべての人称　→　接続法現在形　No tomes/ tome/ tomemos/ toméis/ tomen

   ii.　目的格代名詞、再帰代名詞は、動詞の直前におく。

      No lo digas.　No la tomes.　No te vayas.

8　接続法

接続法は、①非現実的な事象、②主観的事象、③不確実な事象を表わす。

　基本文法では、直説法や命令法は比較的理解しやすい。それに対して接続法は難しいと思われがちなので、ここで復習しておきたい。

(1) 接続法の活用形

　接続法の動詞の活用は直説法とは異なる。

　接続法では、　　①１人称単数形、３人称単数形はすべての時制で同じ形になる。

　　　　　　　　　②er 動詞と ir 動詞の活用形は同じ活用語尾になる。

　　　　　　　　　　　　　（現在形にわずかな例外）

① 接続法現在形

   i.　規則動詞

     ar 動詞　　→ er 動詞（直説法）の語尾活用

     er/ir 動詞　→ ar 動詞（直説法）の語尾活用

例） hablar	直説法 hablo	接続法 hable
	hablas	hables
	habla	hable
	hablamos	hablemos
	habláis	habléis
	hablan	hablen

   ii.　不規則動詞

　　　直接法の動詞活用における語幹母音変化動詞の不規則性は接続法でも同じ。語幹母音変化動詞の中で、ir 動詞は１人称複数形と２人称複数形で特殊な変化がある。

例）

dormir	duerma
	duermas
	duerma
	durmamos
	durmáis
	duerman

53

不規則動詞の活用形の多くは、直接法現在形の１人称単数形の語尾 o を a に変えた形から導き出される。

例）tener　　→　　　　tengo　　→　　　tenga

tengas

tenga

tengamos

tengáis

tengan

次の６つの動詞は、完全に不規則

estar, ser, ir, dar, saber, haber

② 接続法の用法
　i. 名詞節
　　　　主節と従属節からなる文章で主となる動詞が願望・疑惑・感情・価値判断などを表す場合、que で導かれる従属節（名詞節）の中で接続法が使われる。主節の主語と従属節の主語は異なる。

　　　主動詞が
　　→ ① 意思（願望・命令・許可・依頼・禁止など）を表す。
　　　　　(Yo) Quiero que lo paséis muy bien (vosotros/as).

　　→ ② 疑惑・否定を表わす。
　　　　　No creemos que vengan ellos a la fiesta de hoy.

　　→ ③ 主動詞が感情を表わす。
　　　　　Mi padre se alegra mucho de que mi hermana estudie en España.

　　→ ④ 主動詞が価値判断（可能性・必要性など）を表わす。
　　　　　Es necesario que tomes dos litros de agua cada día.

　ii. 形容詞節（関係節）
　　関係代名詞が使われる時、先行詞が不特定、否定の意味を持つ場合、接続法を用いる。
　　主節と従属節の主語が同じ場合　→　不定詞（動詞の原形）を用いる。
　　Quiero comprar un piso que tenga un trastero grande.

　iii. 副詞節
　　まだ実現されていない、あるいは仮定的な内容の副詞節
　　（目的、時、条件、譲歩など）
　　Cuando vaya a Barcelona, quiero visitar la Sagrada Familia.

(2) 接続法過去

　i.　活用形

　　接続法過去形は例外なく直説法完了過去の3人称複数形から -ron を取り、以下の語尾を
　　付ける。-ra 型、-se 型の2種類の語尾があるが、どちらを使っても良い。

　　　-ra 型：-ra, -ras, -ra, -ramos, -rais, -ran
　　　-se 型：-se, -ses, -se, -semos, -seis, -sen

　ii.　用法　接続法を用いた文章で主節が過去の場合、従属節中の動詞も過去になる。

　　　Necesitaron un experto que supiera leer latín.
　　　Mi madre me dijo que comiera más.
　　　Ella no tenía nadie que la ayudase a llevar las maletas.

⑨ 条件文

　① 現実的条件文

　　従属節 = si + 直説法、主節 = 直説法

　　　Si tienes tiempo, vamos a tomar café.
　　　Si no te gusta, déjalo.

　② 非現実的条件文　→ 現在の事実に反する仮定

　　従属節 = si + 接続法過去、主節 = 直説法過去未来

　　　Si fuera yo, no lo haría.
　　　Si ellos tuvieran dinero, comprarían un chalet en Cuenca.

　③ 非現実的条件文 → 過去の事実に反する仮定

　　従属節 = si + 接続法過去完了、主節 = 直説法過去未来完了

　　　Si yo hubiese aprendido español, habría viajado por Argentina.

作品一覧　　＊表記のないものはプラド美術館

第１課　　　プラド美術館（マドリード）

第２課　　　メスキータ・デ・コルドバ（コルドバ）／アルハンブラ宮殿（グラナダ）

第３課　　　サン・ミゲル・デ・エスカラーダ修道院（レオン県）
　　　　　　《ベアトゥス写本》（マドリード国立図書館、パリ国立図書館、ニューヨーク・モーガン図書館ほか）

第４課　　　《羊飼いへのお告げ》、《嬰児虐殺》（サン・イシドーロ聖堂付属レオン王室墓廟）
　　　　　　サン・クリメン・デ・タウーイ聖堂（レリダ県）
　　　　　　《全能者キリスト》（カタルーニャ美術館）

第５課　　　大聖堂　　　　　　ブルゴス　　　　　トレド　　　　　　レオン
　　　　　　　　　　　　　　　バルセロナ　　　　ジローナ　　　　　オビエド
　　　　　　　　　　　　　　　パンプローナ　　　アストルガ　　　　セビーリャ
　　　　　　　　　　　　　　　サラマンカ　　　　セゴビア
　　　　　　サン・フアン・デ・ロス・レイエス聖堂（トレド）
　　　　　　グラナダ大聖堂付属王室礼拝堂（グラナダ）

第６課　　　エル・エスコリアル修道院兼宮殿建築（マドリード県）
　　　　　　レオン・レオーニ《礼拝するカール Ⅴ世とその家族の肖像彫刻群》
　　　　　　　　　　　　　　《礼拝するフェリペ Ⅱ世とその家族の肖像彫刻群》（共にエル・エスコリアル）
　　　　　　アロンソ・サンチェス・コエーリョ《皇太子カルロスの肖像》
　　　　　　　　　　　　　　　　　　　　　《イサベル・クララ・エウヘニアの肖像》
　　　　　　フアン・パントーハ・デ・ラ・クルス《フェリペ Ⅱ世の肖像》《フェリペ Ⅲ世の肖像》

第７課　　　エル・グレコ　　《聖三位一体》《聖母被昇天》（シカゴ美術研究所美術館）ほか
　　　　　　　　　　　　　　サント・ドミンゴ・エル・アンティグオ聖堂祭壇衝立
　　　　　　　　　　　　　　《聖衣剥奪》（トレド大聖堂付属宝物館）
　　　　　　　　　　　　　　《聖マウリティウスの殉教》（エル・エスコリアル修道院）
　　　　　　　　　　　　　　《トレド風景》（ニューヨーク、メトロポリタン美術館）
　　　　　　　　　　　　　　《ラオコーン》（ワシントン、ナショナル・ギャラリー）
　　　　　　　　　　　　　　《オルガス伯爵の埋葬》（トレド、サント・トメ聖堂）
　　　　　　　　　　　　　　ドニャ・マリア・デ・アラゴン学院祭壇衝立《受胎告知》
　　　　　　　　　　　　　　《受胎告知》（岡山県・倉敷市　大原美術館）
　　　　　　　　　　　　　　《オルテンシオ・フェリックス・パラビシーノの肖像》（ボストン美術館）
　　　　　　　　　　　　　　《胸に手をおく騎士の肖像》

第８課　　　ジュセペ・デ・リベーラ《聖ピリポの殉教》
　　　　　　　　　　　　　　　　《ヤコブの夢》
　　　　　　フランシスコ・スルバラン《聖ペドロ・ノラスコにあらわれた天上のエルサレム》
　　　　　　　　　　　　　　《カルトゥジオ会修道院食堂の聖ユゴー》（セビーリャ美術館）
　　　　　　　　　　　　　　《聖女カシルダ》

エステバン・ムリーリョ《エル・エスコリアルの無原罪》

《アランフフェスの無原罪》

《スルト（ベネラブレス）の無原罪》

バルデス・レアル　死と審判《束の間の命》

《この世の栄光の終わり》（セビーリャ、カリダ慈善病院）

第9課　ディエゴ・ベラスケス

《卵を料理する老婆と少年》（エジンバラ、ナショナル・ギャラリー）

《マルタとマリアの家のキリスト》（ロンドン、ナショナル・ギャラリー）

《セビーリャの水売り》（ロンドン、ウェリントン美術館）

《バッカスの勝利（酔っ払いたち）》

《ブレダの開城》

《バリェーカスの少年》

《セバスティアン・デ・モーラ》

《国王フェリペ IV 世一家の肖像（ラス・メニーナス）》

第10課　フランシスコ・デ・ゴヤ

《パラソル》

《村の結婚式》

《サン・イシドロの牧場》

《フロリダ・ブランカ伯爵の肖像》

《国王カルロス IV 世一家の肖像》

《1808 年 5 月 2 日、プエルタ・デル・ソルでの戦い》

《1808 年 5 月 3 日の銃殺》

版画集《戦争の惨禍》

《黒い絵》連作

《ボルドーのミルク売り娘》

第11課　アントニ・ガウディ　聖家族贖罪聖堂（バルセロナ）

ミラ邸（ラ・ペドレラ）（バルセロナ）

奇想館（エル・カプリチョ）（カンタブリア県）

グエル公園 ／ グエル館 ／ バトリョ邸（3 作共にバルセロナ）

第12課　パブロ・ピカソ《アヴィニョンの娘たち》（ニューヨーク近代美術館）

《ゲルニカ》（レイナ・ソフィア芸術センター）

ジョアン・ミロ《アルルカンの謝肉祭》（ニューヨーク、オルブライト＝ノックス・アート・ギャラリー）

《カタツムリ、女性、花と星》（ソフィア王妃芸術センター）

Agradecimiento a ...

校閲協力　Pilar Nieto García-Moreno, María Paloma Trenado Deán
写真提供　Jesús Fernández Bataller, Shutterstock

スペインアート散歩（第2版）

© 2019年1月30日　　　初版発行
2025年1月30日　　　第2版発行

検印 省略	
著　者	貫　井　一　美
発行者	原　　雅　久
発行所	株式会社　朝日出版社

101-0065　東京都千代田区西神田3-3-5
電話　03-3239-0271/72
振替口座　00140-2-46008
http://www.asahipress.com/
組版　クロス・コンサルティング/印刷　TOPPANクロレ

乱丁、落丁本はお取り替えいたします。
ISBN978-4-255-55165-4 C1087

本書の一部あるいは全部を無断で複写複製（撮影・デジタル化を含む）及び転載することは、法律上で認められた場合を除き、禁じられています。